Alejandro Magno

Obra de teatro en tres actos

Para ver la obra:
Alejandro Magno

Escanea el código QR

Dr. Sultán bin Muhammad Al Qasimi

Alejandro Magno

Obra de teatro en tres actos

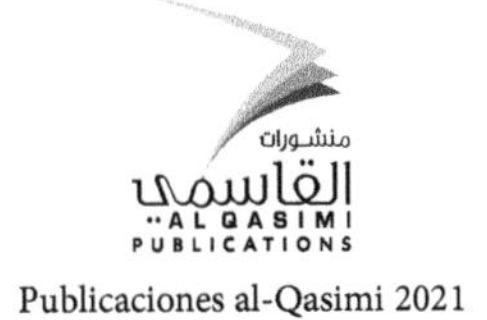

Publicaciones al-Qasimi 2021

Título del libro: Alejandro Magno (Obra de teatro en tres actos)
Nombre del autor: Dr. Sultán bin Mohammed Al-Qasimi
(Emiratos Árabes Unidos)
Nombre del editor: Publicaciones al-Qasimi
Sharjah, Emiratos Árabes Unidos
Edición: Primera
Año de publicación: 2021

Traducida del árabe Por: Mohamad Nazir Homsi
Texto revisado por: Iván de la Rosa Vives

ISBN 978-9948469-27-8
Autorización de impresión:
Consejo de medios nacionales Abu Dhabi
No. MC-03-01-9003636, Fecha: 02-04-2021
"El grupo de edad que corresponde al contenido de los libros ha sido clasificado según el sistema de clasificación por edades publicado por el Consejo Nacional de medios"
El grupo de edad: E

Sharjah, Emiratos Árabes Unidos

Foto de portada:
Retrato de mosaico de Alejandro Magno,
Casa del Fauno, Pompeya, Italia.

Publicaciones Al Qasimi, Al Tarfa, Sheikh Mohammed Bin Zayed Road
PO Box 64009 Sharjah, Emiratos Árabes Unidos
Tel: 0097165090000, Fax: 0097165520070
Correo electrónico: info@aqp.ae

Índice

Introducción

Después de leer los mejores libros escritos en la historia sobre Alejandro Magno, compuse esta obra para que sea una imagen vívida de la lucha entre los poderes, antiguos y modernos, donde sea.

El material de esta obra está debidamente documentado con los libros adjuntos cuya bibliografía se encuentran al final de la obra.

El autor

Reparto:
(Por orden de aparición)

Miembros del Consejo de Alejandro Magno

Un mayordomo

Alejandro Magno

Miembros del Consejo

Parmenión

Un emisario de Darío

Un oficial de inteligencia

Amintas

Un grupo de soldados y guardias.

Polemón

Polydamas

Los dos pueblos árabes

Uno de los beduinos

Uno de los líderes

Ptolomeo

Dos soldados

Besso (comandante persa)

Dos beduinos

Clito (líder, anciano)

Comandante Phegeus

Comandante Coeno

Uno de los hombres (soldados)

Meroes

Porus (príncipe de Persia)

Comandante naval Nearco

El grupo de marineros

Comandante del carro

Padres (residentes de Babilonia)

Grupo de embajadores occidentales

Líderes de exploración

Primer acto

Primera escena

Lugar: Gaugamela, al sudeste de la ciudad de Mosul, tras una batalla en la que Darío III, rey de Persia, fue derrotado y su madre, esposa e hijos fueron capturados.

Fecha: Octubre del año 331 a. C.

Escena: La gran tienda de Alejandro Magno, en la que se sentaron los miembros del Consejo. Mientras estaban sentados, cada uno de ellos habla con los que están a su lado.

(Entra un mayordomo)

Mayordomo: Viene Alejandro Magno.

(Los miembros del Consejo guardan silencio y se levantan

por respeto a Alejandro. Entra Alejandro Magno pavoneándose.

Saluda a los miembros del Consejo con un gesto y les pide que se sienten. Luego, Alejandro se sienta al frente de la mesa de reuniones, de cara a la audiencia)

Alejandro: ¿Cómo están nuestros valientes soldados?

Miembros del Consejo (al unísono): Listos para la próxima batalla.

Alejandro: Llegó un emisario de Darío, rey de Persia.

Miembro del Consejo: ¿Otro emisario? Envió diez emisarios y dos propuestas de paz y usted las rechazó, señor.

Alejandro: Escuchémosle, es pariente del rey Darío.

(Da una palmada y el mayordomo entra)

Alejandro: Dejad entrar al emisario persa.

(Alejandro dirigiéndose a los líderes)

Alejandro: No habrá paz con esta gente. A falta de tiempo, su influencia llegó a los puertos de Sidón y Tiro y allí estaban construyendo barcos. ¿Qué pretendían?

Los hemos destruido en esos puertos y los destruiremos hasta que lleguemos a su última frontera con la India.

(El mayordomo anuncia una visita)

El Mayordomo: ¡El emisario de Persia!

(El emisario persa, ataviado como un príncipe, entra y saluda a Alejandro Magno haciendo varias reverencias)

(Se produce un silencio)

(Alejandro, dirigiéndose al emisario persa)

Alejandro: Di lo que tengas que decir.

El Emisario persa: El rey Darío está de luto por la muerte de su esposa y te pide que liberes a su anciana madre y a sus dos hijas casadas a cambio de pagar ciento ochenta millones de dracmas[1]. En cuanto a la hija mayor, él te casará con ella y se te ofrece la paz a cambio de darte todas las tierras al oeste del Éufrates.

Está dispuesto a dejarte a su hijo Ochus como garantía para el proceso de paz.

Alejandro: ¿Entonces qué?

Emisario persa: Nada, ¡Oh, rey!

(Alejandro al emisario persa)

Alejandro: Puedes salir y esperar en la tienda de invitados.

(Alejandro da una palmada y entra el mayordomo. Alejandro hace una señal al emisario persa para que lo acompañe a la tienda de invitados.

1- El dracma equivale a 15 dólares en el cálculo del siglo XX.

Alejandro dirige su discurso a los miembros del Consejo)

Alejandro: ¿Qué opináis de lo que dijo el delegado del rey Darío?

(Los miembros del Consejo se miran los unos a los otros y ninguno se atreve a expresar su opinión, porque no conocen la opinión de Alejandro sobre el tema, por lo que no quieren emitir su opinión sin antes escuchar la suya.

Finalmente el capitán, **Parmenión*****, se atreve a expresar su opinión después de que Alejandro se la pidiera)***

Alejandro: ¿Qué opinas, Parmenión?

(Parmenión avanza hacia Alejandro y habla con orgullo)

Parmenión: Ya conoces mi opinión. Es que liberes a los prisioneros de Damasco a cambio de un rescate y recibas grandes sumas de dinero, porque custodiar a estos prisioneros emplea muchos soldados.

Ahora puedes recibir ciento ochenta millones de dracmas a cambio de la liberación de una anciana y dos hijas.

Incluso su presencia obstaculiza el avance del ejército.

Es posible crear un reino rico en discusiones, no en guerras.

¿De qué sirven estas tierras conquistadas entre Fenicia y el Éufrates? Un vasto desierto que nadie pudo controlar antes que tú. ¡Oh, rey! Vuelve a Macedonia en lugar de avanzar hacia la India.

(Alejandro parece enojado por las palabras y la manera de hablar de* Parmenión*).

Alejandro: Sí, yo también preferiría el dinero a la gloria militar, ¡Si fuera un Parmenión! Pero en realidad soy Alejandro. No me importa el dinero porque estoy seguro de que soy un rey y no un comerciante. No tengo nada que vender.

Me niego a llevar mis victorias sobre mi cabeza y caminar gritando: ¡Victorias en venta! ¡Victorias en venta!

Si quiero liberar a alguien lo convierto en una bendición, no en una subasta de precios.

(Alejandro da una palmada y el mayordomo se le acerca y Alejandro le ordena)

Alejandro: ¡Haz pasar al emisario persa!

(Al cabo de un rato entra el emisario persa y Alejandro habla dirigiéndose a él)

Alejandro: Le dije a Darío que no deseo la paz.

Las tierras que han sido ocupadas e incluso las tierras que están en sus manos, serán botines de guerra para nuestro ejército. En cuanto a las fronteras entre nuestros dos imperios, pronto serán determinadas por las guerras.

Emisario persa: Mientras Alejandro desee la guerra, permítame irme para informar al rey Darío de esto, para que el asunto no sea engañoso.

(Alejandro da otra palmada y el mayordomo entra. Alejandro le da una orden)

Alejandro: Dejemos que el emisario persa, junto con los embajadores y delegados de Darío que están cautivos con nosotros, partan rápidamente de vuelta con su rey.

(El emisario persa sale con el mayordomo)

Alejandro: ¡¡Un engaño dice!! Más bien el traernos el tema de la paz es un engaño.

(Entonces entra el mayordomo)

Mayordomo: Mi señor el oficial de Inteligencia está en la puerta.

Alejandro: Déjale pasar.

(Entra oficial de Inteligencia)

Oficial de Inteligencia: Mi señor... Han llegado noticias que dicen que Darío ha enviado a tres mil jinetes bajo el liderazgo del comandante persa Manus y avanza hacia nosotros.

Alejandro: ¿No os dije que era un engaño?

Comandantes, que cada uno de vosotros vaya a su escuadrón a ultimar los preparativos para enfrentarse al enemigo.

Fundido a negro

Segunda escena

Lugar: Herat, de camino a Kandahar.

Escena: La gran tienda de Alejandro, junto a un grupo de líderes y asesores.

(Alejandro entra en la tienda y la ira se refleja en su rostro)

Alejandro: Una conspiración para matarme, ¿De quién? ¿Quiénes son mis líderes?

¿Quiénes son las personas más cercanas a mí?

(Alejandro grita)

Alejandro: Amintas, ¡Tu hermano está con ellos!

(Amintas corre y se arrodilla a los pies de Alejandro)

Amintas: Mi hermano Polemón es inocente de esta conspiración. Misericordia mi señor... Misericordia... Misericordia...

(En ese instante entra un grupo de soldados blandiendo sus espadas y situado entre ellos se encuentra Polemón encadenado, arrastrándose por el suelo. Polemón no muestra miedo)

Alejandro: ¿Estás con ellos Polemón?

Polemón: No me defenderé si mi huida puede causarle daño a mi hermano.

(Señala a Amintas, arrodillado ante Alejandro)

Polemón: Cuando vi a los soldados persiguiendo a Filotas, hijo de Parmenión, y lo mataron, tuve miedo y hui de ellos. Así que me arrestaron y me trajeron aquí.

(Polemón rompe a llorar, abofeteándose la cara con ambas manos)

Amintas: Estúpido, ¿De quién te escapas? ¿Y a dónde irías?

Asistencia: Perdónale señor, perdónale, perdónale...

Alejandro: Sé lo leal que eres conmigo Amintas, así que le perdonaré. ¡Desátenlo!

(Polemón corre a los pies de Alejandro, después de ser desencadenado, para besarlo. Pero Alejandro se lo prohíbe)

Alejandro: Toma a tu hermano y sal de aquí.

(Pausa)

Alejandro: Salid todos de aquí.

(Mientras salen, Alejandro llama a uno de ellos)

Alejandro: Polydamas, espera Polydamas.

(Polydamas retrocede y se quedan solos)

(Alejandro habla dirigiéndose a él)

Alejandro: ¡¿Sabes quién es el cabecilla de la conspiración?! Es tu íntimo compañero, tu amigo Parmenión, quien se quedó en Medea, Hamadan, y no marchó con nosotros a la India. Él es mi amigo y también, y seremos sus víctimas.

Por tanto, deseo que lo mates.

Vete a Medea, donde se encuentra Parmenión y entrega este mensaje mío al gobernador de allí, para que te ayude con lo que necesites para matarlo.

Y para que Parmenión no dude de ti. Esta es una carta que escribí de mi puño y letra y que lacré con el sello de su hijo Filoto, con el que me hice después de que los soldados lo mataran.

(Polydamas sacude la cabeza con miedo y vacilación mientras toma el mensaje. Alejandro lo apremia)

Alejandro: Escucha, esto es un secreto entre tú y yo. Por si revelas este secreto o vacilas en hacer lo que te pedí, asegúrate de que tu hermano permanezca cautivo conmigo hasta que regreses con las buenas nuevas.

Polydamas: Estoy a sus órdenes, señor.

(Alejandro da una palmada y entra el mayordomo)

Alejandro: Trae a los dos beduinos.

(Se produce un silencio. Entran dos beduinos, uno de ellos llevando vestimenta árabe)

Alejandro: ¿Trajiste ropa árabe?

Uno de los beduinos: Sí, aquí está.

(Alejandro le ordena al beduino que se lo entregue a Polydamas)

(Alejandro a Polydamas)

Alejandro: Ahora entra y vístete con la ropa árabe.

(Sale Polydamas. Silencio)

(Alejandro se dirige a los beduinos)

Alejandro: Vais a llevar a este hombre a Medea.

Y tened cuidado de no dejar que nadie sepa sobre este viaje.

Pero para evitar que divulguéis el motivo de este viaje o que huyáis, aseguraos de que vuestras esposas e hijos permanezcan como mis prisioneros hasta que me devolváis a esta persona y la traigáis aquí a sana y salva.

(Silencio)

Alejandro: ¿Cuánto tiempo de viaje tenéis hasta llegar a Medea atravesando el desierto?

Uno de los beduinos: Diez días.

(Entra Polydamas con su traje árabe y se lo muestra a Alejandro. Alejandro le dice a los árabes)

Alejandro: Vamos a preparar vuestros camellos y este hombre os seguirá. Vamos.

(Silencio)

(Alejandro se dirige a Polydamas)

Alejandro: Debes darte prisa para que no lleguen a Parmenión rumores sobre la muerte de su hijo. ¡Vamos, date prisa!

Quiero que me traigas la cabeza de Parmenión.

(Polydamas sale por un lado de la tienda. Alejandro está a punto de irse por el otro lado, pero un ruido fuera de la tienda lo detiene. Mira por la puerta de la tienda y encuentra a uno de los líderes entrando apresuradamente y gritando)

Comandante: ¡Darío ha sido asesinado! ¡Darío ha sido asesinado! ¡Darío ha sido asesinado! Mi señor, Darío ha sido asesinado en las montañas...

Fue asesinado por su comandante, Bessos .

Alejandro: Su comandante lo mató, pero nosotros que estamos persiguiendo al rey y su comandante, estábamos distraídos por la conspiración.

Comandante: Pero tu ejército ahora está persiguiendo al comandante persa Bessos , que desapareció en las montañas.

Alejandro: Entonces, debe ser perseguido, capturado y traído aquí con vida.

Fundido a negro

Segundo acto

Primera escena

Lugar: Marakanda (Samarcanda).

Fecha: Trescientos veintiocho años antes de Cristo.

Escena: Tienda de campaña de Alejandro.

(Un grupo de líderes está en conversaciones paralelas. Alejandro entra y los líderes le saludan con una reverencia).

Alejandro: Besso, el líder persa, se hizo rey de Persia y se llamó a sí mismo Ardashir V (Artaxerxes V(. Este terco se atrevió a atacarnos.

Nuestras fuerzas lo están siguiendo y lo arrestarán.

(Se escucha un ruido fuera de la tienda. Ptolomeo, uno de los líderes, entra con un látigo en la mano, y detrás de él dos soldados tirando del comandante persa Besso, desnudo, excepto por las zonas vergon-

zosas. Una argolla de madera se ha colocado alrededor de su cuello y dos cadenas cuyos extremos están agarrados por ambos lados por los dos soldados)

Alejandro: ¿Quién hay detrás de ti, Ptolomeo?

(Ptolomeo, señala al entrar al comandante persa)

Ptolomeo: ¡Besso! El comandante persa.

(Alejandro examinando al comandante persa dice)

Alejandro: Besso... Finalmente caíste en mis manos.

¿Por qué mataste a Darío? ¡¿El rey que era más sincero contigo y que te era más favorable?!

¡¿Matarlo para coronarte rey?!

Besso: No fui yo quien lo mató... Un grupo de mis seguidores lo hizo.

Alejandro: Con tu fin, Besso, la resistencia persa terminará y podremos descansar.

Besso: No, rey.

Mi aliado Espitamenes avanza hacia ti en la retaguardia. La resistencia ha comenzado por todas partes.

Alejandro: Mátalo, Ptolomeo.

Ptolomeo: No, mi señor. Ahora no, pero le serán cortadas la nariz y las orejas.

Será exhibido en una ciudad con mayor número de persas y allí será ejecutado.

Alejandro: Sácalo.

(Ptolomeo grita)

Ptolomeo: ¡Vamos!

(Golpea su látigo frente a las piernas de Besso)

¡Vamos!

(Uno de los líderes se dirige a Alejandro)

Uno de los líderes: Mi señor, si lo que Besso dijo era cierto acerca de que la resistencia había comenzado...

Ayer, en la última batalla, perdimos dos mil de nuestros soldados, ya solo nos quedan treinta y cinco mil soldados y estamos lejos de la patria... Y...

Alejandro: Está bien, está bien. Hay un gran refuerzo que llegará de Occidente.

(Período de inactividad)

(Alejandro deambula por la tienda y está preocupado por el asunto de la resistencia. Un hombre vestido con ropa árabe entra, parece cansado, porta una cabeza humana y detrás de él hay dos hombres vestidos también con ropa árabe. Alejandro se vuelve hacia ellos)

Alejandro: ¡¿Quién va?! ¡¿Polydamas?!

(Polydamas indica con la cabeza que sí).

Alejandro: ¡¿Qué es eso que tienes en la mano?!

Polydamas: Este es el jefe de Parmenión, según tus órdenes, señor.

(Entonces Cletus, uno de los viejos líderes y amigo de Parmenión, grita)

Cletus: ¡¿Qué es esto!? ¡¿Qué es esto!? ¿Qué es?

(Los líderes agarran a Cletus mientras uno de ellos trata de calmarlo)

Uno de los líderes: Siéntate, Cletus. Siéntate.

(Alejandro arroja a Cletus una manzana que estaba en el plato de frutas sobre la mesa)

Alejandro (con firmeza): Sáquenlo de aquí.

(Dos de los líderes sacan a Cletus de la tienda y regresan a sus lugares, mientras que Polydamas con los árabes sale por el otro lado).

(Silencio)

(Cuando Alejandro comienza a hablar con los líderes, está de espaldas a la puerta de la tienda, y a través de la puerta,* Cletus *mira a Alejandro y escucha lo que dice con aparente tensión)

Alejandro: ¡Parmenión planeó la trama! ¡¡Algún rumor hay entre los soldados de que fue Parmenión quien logró las victorias!! Cuando Parmenión abandonó el ejército,

¿Quién logró estas victorias?

¡Fui yo! Yo soy Alejandro Magno. Soy el hijo del dios Amón...

No soy el hijo del rey Felipe. Incluso las victorias del rey Felipe fui yo quien las logró. No los macedonios.

(Aquí, Cletus corre hasta el centro de la tienda y le dice a Alejandro)

Cletus: ¿Eres tú el que se llama a sí mismo el hijo de Dios?

¿Y hablas con estos pequeños líderes con mentiras? Cuando le diste la espalda al campo de batalla, fueron la sangre y las heridas de los macedonios lo que te hizo grande.

¡¡¿Y ahora niegas a tu padre y afirmas que eres el hijo del dios Amón?!!

(Alejandro le grita a Cletus, furioso)

Alejandro: ¡¿Tú, escoria de la sociedad?! ¿Crees que te dejaré hablar de mí así?

Cletus: ¡¿Dices que soy la escoria de la sociedad?! ¡Eres un ingrato!

¡¡Yo fui quien te enseñó tiro con arco y mi hermana quien te crió desde que eras pequeño!!

(Un grupo de líderes se lleva a Cletus lejos de Alejandro, pero Cletus, se escapa de los líderes y continúa burlándose)

Cletus: ¿Mataste a mi amigo Parmenión después de haberte dado esas victorias, y dos de sus hijos morir en tu defensa?

¡¿Y mataste a su tercer hermano en honor a ellos?!

(Alejandro busca su daga, que había dejado en la mesa detrás de él, que uno de los guardias había cogido y escondido anteriormente detrás de su espalda para que Alejandro no la usara para matar a Cletus)

(Cletus se dirige hacia la puerta cuando Alejandro se apresura y toma una lanza de uno de los guardias, corre con ella hacia Cletus que está cerca de la puerta, y apunta la lanza al pecho de Cletus, empujándole con la lanza hacia la cortina de la entrada. Se la clava emitiendo un grito y un suspiro. Entonces Cletus se derrumba con la lanza clavada en su pecho)

(Silencio)

(Alejandro se vuelve hacia los líderes y la ira se desvanece. Pero cuando mira a los líderes, los cuales están asustados y con la boca abierta, Alejandro se sorprende de lo que le hizo a su amigo)

(Silencio)

(Alejandro se arrodilla ante el cuerpo de Cletus y le quita la lanza, que estaba goteando sangre, apuntándose con ella a la garganta)

(Los líderes corren y agarran a Alejandro, quien va hacia la pared de la tienda con la lanza en su pecho, pero ellos lo agarran de nuevo y le quitan la lanza. Entonces Alejandro se derrumba y cae al suelo mientras llora)

Alejandro: ¡Oh, Lanice! Mi niñera…

Maté a tu hermano...

A tus hijos los mataron por defenderme. ¡¿Cómo te he pagado el haberme criado?! ¡¡¿Matando a tu hermano con mis propias manos?!!

¡Ah... Ah...! Yo soy el asesino... Yo soy el asesino...

Soy el asesino de mis amigos....

Soy el asesino de mis amigos....

Soy el asesino de mis amigos....

(Mientras, los comandantes sostienen a Alejandro para sacarlo del lugar)

Fundido a negro

Segunda escena

Lugar: La frontera de la India en la región de Punjab.

Escena: Un terreno baldío y dos líderes, el comandante Phegeus y comandante Coeno. Coeno se sienta en el tronco de un árbol pensativo.

(A un lado del escenario aparece la puerta de la tienda de Alejandro, y el comandante Phegeus pasa por el otro lado. Coeno llama a gritos)

Coeno: ¡Comandante Phegeus!

(El comandante Phegeus, se vuelve hacia el lugar de donde proviene la voz)

Phegeus: ¡¿Quién va?! ¡¿Comandante Coeno?!

Coeno: ¿Qué novedades hay?

Phegeus: Desde hace dos días, estoy tratando de

convencerlo de que dejara de cruzar el río y luchara contra el príncipe indio Porus y hoy, por fin, decidió cruzar el río.

Coeno: ¿Por qué? Hemos llegado al final de las fronteras del imperio Persa y con eso terminará la guerra.

Phegeus: Alejandro dice que tiene órdenes divinas del dios Amón de que debe conquistar el mundo.

(Alejandro sale de su tienda y los dos líderes le saludan)

Alejandro: Te pedí, Phegeus, más información sobre el príncipe indio Porus.

¿Conseguiste dicha información?

Phegeus: Lo que declara Porus sobre el poder de la tribu es cierto, no es una exageración.

Su príncipe no solo es un hombre común, sino que es de clase baja. Su padre era barbero y se ganaba el dinero de la comida con sus manos. Debido a su bondad y misericordia la princesa se acercó al príncipe.

Gracias a ello, pudo matar al príncipe, tomar el poder real, casarse con la princesa y eliminar a los hijos del antiguo príncipe.

Alejandro: Te pregunto sobre cuestiones de guerra.

Phegeus: Como ves, señor, ante nosotros tenemos este río que es grande, vasto y lleno de rocas. Luego viene un desierto árido y con una marcha de doce días llegaremos a la residencia del príncipe Porus.

El camino hasta allí estará bloqueado por veinte mil jinetes y doscientos mil soldados de infantería y tras ellos hay dos mil carros tirados por caballos.

Otra cosa que me preocupa son los elefantes, que se estiman en unos tres mil.

El príncipe Porus está acampando detrás del río.

Coeno: Una gran fuerza defensiva, además de los obstáculos, de los ríos... y del desierto.

Alejandro: Nosotros también tenemos un ejército formado por fuerzas locales y los refuerzos que vienen desde Grecia. Los efectivos de nuestro ejército llegarán a doscientas mil unidades.

(Silencio)

(Alejandro grita)

Alejandro: ¡Coeno, tráeme a los soldados para darles una arenga!

(Coeno llama a los soldados)

Coeno: ¡Soldados, vengan y escuchen el discurso del rey!

(Algunos soldados forman a un lado del escenario)

Alejandro: ¡Oh, mis hombres!...

Me he enterado en estos días que hay muchos rumores que os molestan, y que estos rumores fueron difundidos por gente de la India. Sea lo que sea, que los informes falsos y adulterados no os engañen.

Estabais luchando contra fuerzas pequeñas. Ahora, por primera vez, os enfrentaréis a una tribu rebelde. Pido la ayuda de vuestras manos y de vuestra valentía, es la garantía para alcanzar nuestros objetivos.

Las recompensas son mayores que todos los riesgos. Este país es rico pero incompetente para la guerra. No os llevo a la gloria sino al saqueo, merecéis llevar a vuestro país esta riqueza que fue arrojada por el mar a las costas de la India, dejadme deciros que hoy no es vuestro rey el que os habla sino vuestro líder, el que os trajo a los confines del mundo.

Os he impuesto todo por mandato, pero esta vez estaré en deuda con vosotros. Y seré yo quien os pida compartir los peligros con vosotros, y os protegeré con mi escudo.

(Periodo de silencio)

Alejandro: ¡¿Por qué este silencio?!

¿Dónde están los vítores que muestran vuestra ambición?

¿Dónde está esa mirada macedonia?

¡¡Mis hombres!! ¡¡Parece como si yo no os conociera, y como si vosotros no me conocierais a mí!!

(Durante el discurso de Alejandro, las tropas continuaron en silencio con la cabeza gacha y la mirada hacia el suelo)

Alejandro: Tal vez os hice daño sin saberlo, hasta el punto de que no queréis ver mi cara. ¿Es así? Nadie me responde...

¡Nadie me dice que no!

¿Con quién estoy hablando? ¿Qué os pedí? ¡Es por vuestra gloria!

Es por vuestra grandeza todo lo que yo hago.

¿Dónde están los hombres que ayer corrían para salvar a su rey herido?

Os abandonaré... os abandonaré y me entregaré a los enemigos con los que ayer estuve combatiendo, de las fuerzas de Persia. Hoy serán mis soldados. La muerte es mejor que ser un líder dependiente de los caprichos de los demás.

¡Volved a vuestro país! ¡Abandonad a vuestro rey!

¡¡Desperdiciad la victoria!!

Puedo lograr la victoria, a la que habéis renunciado... ¡O puedo morir con dignidad!

(Lo que Alejandro dijo no provocó ninguna reacción en los hombres, porque confiaban en sus líderes para decirle a Alejandro que estaban agotados por sus heridas y cansados de las guerras. Asimismo, los líderes estaban con la cabeza agachada y sus ojos estaban puestos en la tierra por miedo a Alejandro.

De pronto los hombres comenzaron a gritar... Gritos que irían seguidos de gemidos. Luego, los hombres

empezaron a expresar sus sentimientos y algunos de ellos empezaron a llorar, y sus lágrimas fluyeron hasta el punto que transformó la ira de Alejandro en emoción, por lo que no pudo ocultar sus lágrimas a sus hombres)

(Sonidos de llanto y lloriqueos)

(Mientras los asistentes estaban inmersos en un mar de lágrimas,* Coeno *se armó de valor y avanzó hasta donde estaba parado Alejandro, mientras los demás líderes permanecieron en sus lugares. Luego pidió hablar, por lo que se quitó el casco. Los hombres comenzaron a animarlo a hablar sobre el tema del ejército)

Uno de los hombres: Coeno, habla en nuestro nombre y cuenta todos los problemas que hay en el ejército.

Coeno: Que Dios se aleje de nosotros las intenciones de traición. Eso es lo que confiamos en nuestros soldados.

Tus hombres están listos, como antes, para ir a donde los lleves, incluso a la guerra, para enfrentar los peligros, para derramar nuestra sangre, para engrandecer tu nombre.

Estamos listos para ir contigo a donde quieras o frente a ti con o sin armas, desnudos o cansados...

Sin embargo, ¿Puedes escuchar palabras sinceras de tus soldados?

Ahora estás en el fin del mundo y estás entrando en otro país, y este ejército entrenado ha estado expuesto a animales salvajes. Quiero que lo escuches de mí, no de los soldados detrás de ti. Nuestras armas están rotas, nuestras heridas sangran y no tenemos caballos para montar.

(Aquí la voz de los hombres se eleva con vítores)

Soldados: ¡Alejandro es nuestro rey!

¡Alejandro, nuestro padre!

¡Alejandro, nuestro señor!

(Silencio)

(Alejandro no pudo culpar a los hombres y su ira no disminuyó, pero en un momento de desconcierto pidió a su séquito que le siga mientras se dirige a su tienda)

Alejandro: ¡Que mi séquito me siga!

(Phegeus sigue a Alejandro, luego regresa para decirles a todos)

Phegeus: ¡Marchaos! ¡Marchaos todos y preparaos para cruzar el río!

(Silencio)

(Después de un rato, Alejandro sale de su tienda con un libro. Se sienta en el tronco de un árbol y comienza a leer de ese libro y, tras un vistazo, ve a Ptolomeo que estaba mirando a la puerta de su tienda)

Alejandro: Ptolomeo... Ptolomeo ven, aquí estoy.

(Ptolomeo avanza hacia Alejandro).

Ptolomeo: Vi la lámpara y el fuego, así que me preguntaba si querías algo.

Alejandro: En breve, comenzará el cruce del río.

(Ptolomeo mira el libro junto a Alejandro en el tronco del árbol. Lo toma y lee el título)

Ptolomeo: ¡¿El libro de la India de Tisias?! Realmente, no puedes ser paciente, ¿Verdad?

Alejandro: No, y cuando ocupemos la India, podremos decir que toda Asia está en nuestras manos. Entonces regresaremos y comenzaremos a cambiar el mundo, Ptolomeo.

Ptolomeo: ¡¿Crees que se puede cambiar el mundo?!

¿Crees que tendremos éxito en un proyecto así?

Alejandro: Sí, lo creo. ¿Recuerdas cuando éramos jóvenes, cómo solíamos soñar con ambición y esperanza?

Esos jóvenes ahora han derrotado al imperio más grande del mundo, es decir, dos tercios del mundo...

Levantamos las ciudades griegas y pusimos las leyes griegas en el corazón de Asia.

¿Crees que estas guerras no tienen un objetivo?

Ptolomeo: No... Debe haber un objetivo en esas guerras.

(Silencio)

(Entra Phegeus dirigiéndose a Alejandro)

Phegeus: Mi señor, ¡Han comenzado a cruzar el río!

Alejandro: ¿Ya está amaneciendo?

Phegeus: No, era antes del amanecer, mi señor.

Alejandro: ¡Vamos!

(Alejandro va a su tienda a recoger su arma)

(La luz se va atenuando)

(Se escucha a los soldados entonando canciones de guerra, y luego se escuchan los sonidos de la batalla)

Fundido a negro

Tercera escena

Lugar: El campo de batalla.

Escena: El escenario se ilumina y se puede ver a Alejandro apoyado en un árbol, mostrando las secuelas de la batalla y se quita el casco. Pone su espada y escudo junto a él. Se encuentra junto a algunos líderes.

Alejandro: ¿Cuánto tiempo duró la batalla?

Líder: Ocho horas.

Alejandro: Hemos derrotado a Porus... Porus no solo es un líder, sino también un valiente guerrero.

He enviado a su amigo indio Meroes una misiva para que acuda a nosotros y concertar así un acuerdo de paz con él.

(Llega un líder)

Líder: Porus está en camino.

(Alejandro se pone su casco)

(Entra Meroes y con él Porus. Entra un hombre alto, de anchos hombros, apuesto y con una herida en el hombro derecho. Alejandro comienza a hablar, dirigiéndose a Porus)

Alejandro: ¿Cómo quieres que te trate?

Porus: Trátame como deberías, eres un príncipe.

(Alejandro se muestra satisfecho con la respuesta de Porus)

Alejandro: Por mi parte lo que quieras. Pero, ¿Hay algo más que te gustaría?

Porus: Todo está implícito en la primera petición.

(Alejandro está cada vez más feliz)

Alejandro: Te devolveremos las tierras que estaban ocupadas y te mantendremos como príncipe de tu país y aliado nuestro, siempre que luches con nosotros en nuestras próximas batallas, ¿De acuerdo?

Porus: De acuerdo.

(Porus se va y Alejandro comienza a hablar con sus comandantes)

Alejandro: Ahora debemos regresar a Persia y establecernos en Babilonia.

Fundido a negro

Tercer acto

Primera escena

Lugar: La costa persa, cerca de la entrada al golfo Pérsico.

Escena: A pocos kilómetros de la playa tuvo lugar el encuentro entre Alejandro y el comandante Nearco, procedentes de la India por mar, que fueron enviados por Alejandro para descubrir la India.

(Entra Alejandro y detrás de él los soldados, alegres, por un lado del escenario. Nearco entra por el otro lado y los marineros, que también se muestran alegres, entran detrás de él.

Tan pronto como Alejandro se acercó a Nearco, cada uno corrió hacia el otro para abrazarse, y cada uno arrojó su cuerpo sobre el otro, como si lo estuviera abrazando. Cuando se separaron se miraron los unos a los otros y sus rostros mostraban euforia, como si no creyeran este encuentro. Y por efecto de

la excitación, no pudieron hablar entre ellos hasta que Alejandro soltó una carcajada, luego gritó mientras le separa)

Alejandro: Nearco, hueles a pescado podrido.

(Nearco responde):

Nearco: En cuanto a tu hedor, es el olor a sudor de caballo.

(Alejandro mirando el rostro de su delgado capitán naval)

Alejandro: No puedo creer que estés vivo.

Nearco: Este viaje no fue fácil y pensé, en algunas ocasiones, que no podríamos completarlo. Nos encontramos con dos tormentas, pero nuestro mayor problema fueron la sed y el hambre.

(Alejandro y Nearco deambulan por el campamento así que salen por un lado del escenario y entran por el otro. Mientras, Ptolomeo forma a los soldados para pasar revista. Cuando pasan por delante Ptolomeo grita)

Ptolomeo: ¡Alalalai [1], rey Alejandro!

(Los soldados alzan sus lanzas en alto a la vez que gritan fuerte)

Soldados: ¡Alalai ... Alalai ... Alalai!

Nearco: ¡Pescado! ¡Bolsas y bolsas de pescado! ¡Esos pobres y miserables no tienen más que pescado!

1- Grito de guerra de los antiguos griegos.

Marinero: El pescado a la plancha está listo señores.

(Alejandro y los líderes se dirigen hacia un lado del escenario vitoreando y riendo, pero un enorme estruendo de tambores les alerta del peligro. Alejandro grita)

Alejandro: ¡Oh, Dios Zeus!

¿Quién en esta tierra se atreve a atacarnos ahora?

(Alejandro desenvaina su espada y grita)

Alejandro: ¡Comandantes, montad los caballos! ¡Montad vuestros caballos!

(El campamento se ve inmerso en un estridente, penetrante y agudo sonido de tambores y relinchar de los caballos.

La valla de hojas de palma se derrumba debido a la estampida de los soldados mientras que una polvareda se levanta detrás de ellos.

Los soldados rodean un carruaje tirado por caballos)

(Silencio)

(Solo aparece el carruaje en el escenario y es visible tan solo después de que el polvo se ha desvanecido)

Un grupo de soldados con sus espadas y escudos lo rodea.

Una persona se baja del carro mostrando la molestia de viajar y el polvo le cubre la cara, y al mismo

tiempo que carga comida y bebida grita)

Conductor del carruaje: ¡Os trajimos mucho vino y comida!

(Alejandro, los comandantes y los soldados se echan a reír histéricamente)

Mientras Alejandro está sentado con los líderes en el suelo, Nearco llega con un mapa en la mano y lo despliega ante todos)

Nearco: Este es un mapa hecho de papiro.

En él trazamos las líneas de nuestro viaje desde la India hasta aquí.

Y ahora, mi señor, estamos en este lugar.

(Alejandro pasa el dedo por el mapa y señala)

Alejandro: Genial. ¿Pero qué costa es esta con vistas al Golfo?

(Alejandro trata de leer algo en el mapa)

Alejandro: Los comedores de pescado... Los comedores de pescado.

Nearco: Este fue escrito por el subcomandante Naval.

Alejandro: ¡¿Por qué este nombre?!

Nearco: Todo lo que tienen es pescado, incluso sus ovejas huelen a pescado.

(Alejandro pregunta)

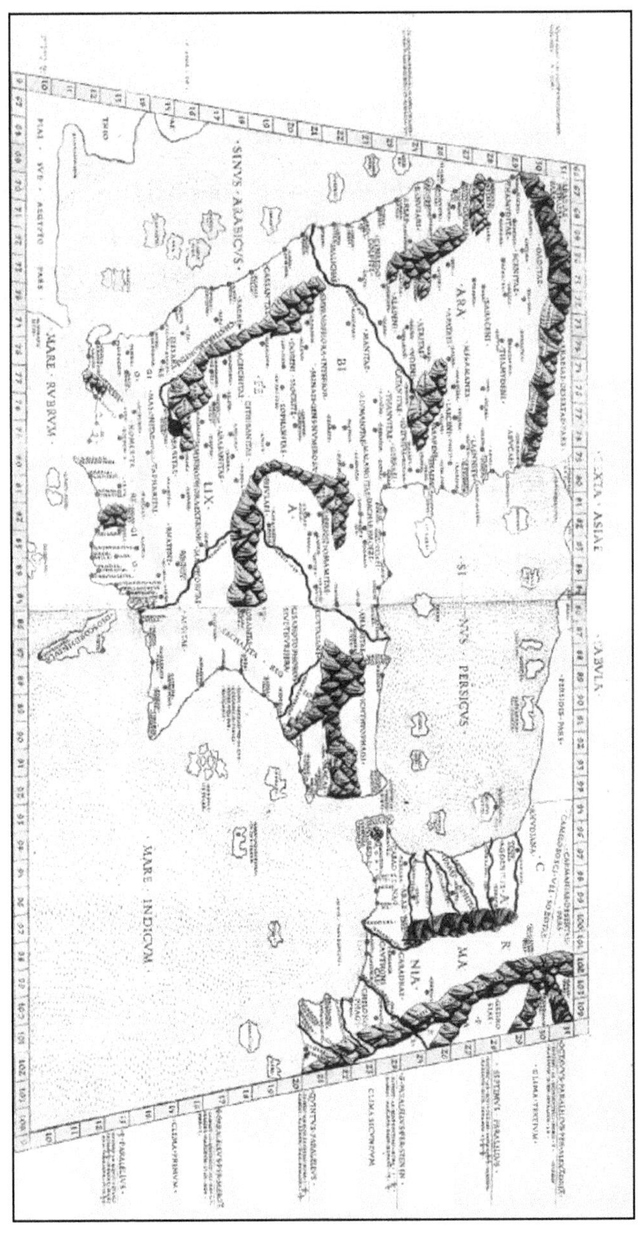
·SINVS · ARABICVS·
MARE · RVBRVM ·
MARE · INDICVM
PERSICVS

Alejandro: ¡¿Son árabes?!

Nearco: Sí, este es el lado este de Arabia.

(Alejandro se dirige a Nearco)

Alejandro: Estos árabes no nos enviaron a ningún embajador y no me declararon su sumisión.

Se convirtieron en los únicos en la región que no se sometieron a mí.

Todos los pueblos me han ofrecido lealtad y obediencia.

Por lo tanto, es imperativo invadir y ocupar la península Arábiga y establecer asentamientos permanentes allí.

Te encargo que hagas los preparativos y descubras los caminos que conducen hasta allí para llegar a Babilonia.

Fundido a negro

Segunda escena

Lugar: El centro de Babilonia, a orillas del río Éufrates, al este de Bagdad.

El lugar parece tranquilo. Entonces se escucha un ruido que se va acercando poco a poco.

Escena: Antes de que Alejandro entre al escenario.

(Algunos de los habitantes de Babilonia corren desde el lugar por donde entrará Alejandro al otro lado, y gritan y miran hacia atrás)

Habitantes: ¡Alejandro! ¡Alejandro!

(Alejandro entra al escenario, pavoneándose mientras mira a la derecha unas veces y a la izquierda en otras ocasiones, levantando orgulloso la cabeza hacia arriba examinando con su mirada los pilares y murallas de la ciudad de Babilonia y detrás de él el comandante Nearco y algunos de los líderes)

(Alejandro llama)

Alejandro: ¡Nearco! ¡Nearco!

(Nearco se acerca a Alejandro y se inclina con una reverencia, diciendo):

Nearco: Aquí estoy señor.

Alejandro: ¿Dónde está tu compañero, el adivino que predijo mi muerte cuando entrara en Babilonia? Estoy aquí en medio de Babilonia.

Cuando cruzamos el rio Tigris ese adivino me llevó a parte y me suplicó que no entrara en Babilonia.

Le pregunté, ¿Por qué?

Él respondió que sería mi destino.

¡¿Qué querría decir con eso?! ¡¿Qué?!

Nearco: Me lo dijo, mi señor. No me atrevía a hablarte de eso, así que le sugerí que hablara contigo él mismo. Los sacerdotes también solían advertirme en contra de ir a Babilonia.

(En ese momento pasa una bandada de cuervos y se oye su graznido)

Alejandro: ¿Qué son estos sonidos?

Nearco: ¡Eso es un graznido de cuervos!

(Un cuervo muerto cae cerca de los pies de Alejandro)

Alejandro: ¿Qué es?

Nearco: Es un cuervo muerto y es un mal presagio.

(Alejandro a Nearco)

Alejandro: Déjate de tonterías y dime...

(Una persona entra con un mensaje y se lo entrega a Alejandro)

(Alejandro lee el mensaje y parece estar molesto)

Nearco: ¿Qué pasa, mi señor?

Alejandro: Este mensaje confirma la deserción de los seis mil soldados de nuestras fuerzas por dinero, y ahora están de camino a Atenas.

Traed a los dos hombres que me dijeron hace unos días que los soldados querían desertar.

(Un grupo de soldados traen a dos hombres encadenados. Alejandro reprende a los soldados)

Alejandro: ¡Quitadles las cadenas! ¡Quitadles las cadenas!

(Los soldados rápidamente los desencadenan. Alejandro se dirige a las dos personas)

Alejandro: Al principio, no podía creer la noticia que trajisteis.

Yo os encadené y os he tratado mal.

(Se vuelve hacia su séquito)

Pagadles sendas recompensas.

(Los dos hombres salen del lugar. Alejandro se vuelve hacia Nearco)

Alejandro: ¿Seguiste las órdenes que te di cuando estábamos en la entrada del Golfo?

Nearco: Todo está listo, mi señor y estos exploradores están conmigo.

Cuando tenga tiempo puede ordenar, mi señor, para que vengamos y pongamos todos los hallazgos y planes en su conocimiento.

Alejandro: Entonces, tengamos una celebración con motivo de mis victorias en la India.

Aquí en el medio de Babilonia... ¡Vamos!

Fundido a negro

Tercera escena

Lugar: Centro de Babilonia.

Escena: La ceremonia de las victorias de Alejandro Magno en presencia de los embajadores de Occidente.

(En el centro del escenario y en la parte trasera, se coloca una gran silla en la que Alejandro podía sentarse.

Alejandro entra con el comandante Nearco y los exploradores. Alejandro se dirige a la silla y se sienta. Luego da la bienvenida a los embajadores occidentales)

Alejandro: ¡Oh, embajadores de Occidente! Bienvenidos a Babilonia y gracias por acompañarnos en la ceremonia de nuestras grandes victorias.

He asignado al comandante Nearco para que haga los preparativos y arreglos necesarios para la próxima campaña, y aquí están Nearco y los líderes exploradores que les explicarán a ustedes y a mí los planes y tácticas que se usarán.

Me encantaría escucharlo de Nearco.

(Alejandro le llama)

Alejandro: ¡Nearco!

(Nearco avanza, mientras Alejandro Magno bebe vino copa tras copa)

Nearco: Mi señor, me dio órdenes de explorar las costas de la península Arábiga.

Así que envié un barco desde Egipto hasta el mar Rojo para explorar la costa árabe.

También envié tres barcos para explorar la costa árabe del Golfo.

Uno de ellos fue comandado por Archias, quien llegó a las islas Ícaro[1] y Tylos[2].

El segundo barco fue comandado por Androsthenes, y pudo investigar la costa árabe más allá, en Tylos, hasta la entrada del Golfo.

En cuanto al tercer barco, fue comandado por Heiron, que partió desde el Golfo hasta el océano, por lo que se exploró la costa árabe frente al océano.

En el Éufrates se excavó el puerto de Babilonia y se construyeron más de mil buques de guerra que desembarcaron en ese puerto.

Los marineros llegaron de la costa fenicia y ahora están listos para recibir sus órdenes, mi señor.

(Alejandro Magno se baja de la silla, tambaleándose, después de haber bebido mucho)

Alejandro: ¡¡A partir de mañana los soldados abordarán todos los barcos y navegarán por el río Éufrates hasta el Golfo para invadir la península Arábiga!! ¡¿Sabes por qué?!

1- Failaka.

2- Bahréin.

Porque los árabes no nos enviaron a su embajador, no declararon su sumisión y se convirtieron en los únicos que no se sometieron a mí de entre los pueblos que me habían ofrecido lealtad y obediencia, por lo que es imperativo ocupar la península Arábiga y establecer asentamientos permanentes allí.

¡Vamos, bebed conmigo! ¡Brindemos por la ocupación de la península Arábiga!

(Mucha fanfarria y fuertes risas. Y de repente hay un fuerte grito que emerge de entre ese murmullo)

(Alejandro grita)

Alejandro: ¡Ahhhhhhh!

(Todos guardan silencio. Alejandro Magno se retuerce de dolor y grita)

Alejandro: ¡Ahhh... Ahhh... Ahhh...!

(Un grupo de líderes se apresuran a socorrerle.

Todos en la ceremonia se quedan atónitos, mientras Alejandro continúa gritando)

Alejandro: ¡Ahhh... Ahhh... Ahhh...!

(Se funde a negro lentamente con el sonido de los gritos de Alejandro atenuándose seguido de gemidos y quejidos)

Alejandro: ¡Ahhh... Ahhh... Ahhh...!

Fundido a negro

Cuarta escena

Lugar: Palacio de Nabucodonosor, a orillas del Éufrates.

Fecha: Junio del año 323 a.C.

Escena: Hay una cama en el centro del escenario con Alejandro Magno acostado en ella y Nearco a su lado.

(Entra uno de los líderes)

Líder: ¿Cómo está Alejandro, Nearco?

Nearco: Desde el día de la celebración, la fiebre no le ha bajado.

Tuvimos que trasladarlo hasta el palacio de Nabucodonosor, en esta orilla del río Éufrates lejos de Babilonia, esperando que su salud mejorase, pero fue en vano.

Todos le advirtieron que no entrara en Babilonia.

(Tocan a la puerta y se escuchan unas voces reclamando)

Voces: ¡Abre la puerta, queremos ver a Alejandro!

¡Abre la puerta!

(Se abren las puertas y entra un grupo de comandantes desarmados con la cabeza gacha mirando al suelo.

Pasan en fila rodeando la cama de Alejandro y luego salen.

Se escucha la voz de Alejandro gemir y luego quejarse)

Alejandro: ¡Ahhh... Ahhh... Ahhh...!

(Luego gime con fuertes gritos que resuenan varias veces en el escenario.

De repente deja de gritar después de que su pecho se eleva, cae en la cama, una de sus manos cuelga fuera de la cama y permanece colgando)

(Nearco grita de asombro)

Nearco: ¡¡Alejandro Magno murió!!

¡¡Alejandro Magno murió!!

¡¡Alejandro Magno murió!!

(Continúan los gritos)

Nearco: ¡Alejandro Magno murió! ¡Alejandro Magno murió!

(Del exterior llega el eco la voz de Nearco con un grupo de voces entonando himnos religiosos)

Grupo: ¡¡Alejandro Magno ha muerto!!

¡¡Alejandro Magno ha muerto!!

Fundido a negro

Telón

Fin

Fuentes:

1- EA. Wallis Budge, "La vida y las hazañas de Alejandro Magno" (Londres: Universidad de Cambridge Press, 1896.

2- Quintus Curtius Rufus, "La historia de Alejandría", Londres: Penguin 1984 - (probablemente compuesto en el siglo I d.C.)

3- Plutarco, "La era de Alejandro", Londres, Penguin 1973 (Compuesto del siglo I d.C.)

4- Arrian, "Las campañas de Alejandro", Harmonds Worth, Penguin 1971 - Compuesto del siglo II d.C.

5- A.B. Bosworth, "Conquista e imperio, el reinado de Alejandro Magno", Cambridge, Universidad de Cambridge Press, 1988.

6- W.W. Tarn, "Alejandro Magno", Cambridge, Universidad de Cambridge Press, 1948 (2 volúmenes).

7- Robin Lane Fox, "Alejandro Magno", Londres: Allen Lane, 1973.

8- Peter Hogemann, "Alexander der Grosse und Arabi en Zetemata, Monographien zur Klassischen Altertum Swissenschaft", Heft 82, C.H. Beck, Munich 1985.

9- Alerio Massimo Manfredi, "Alejandro, los confines de la tierra", Londres, Pan Macmillan Ltd, 2001.

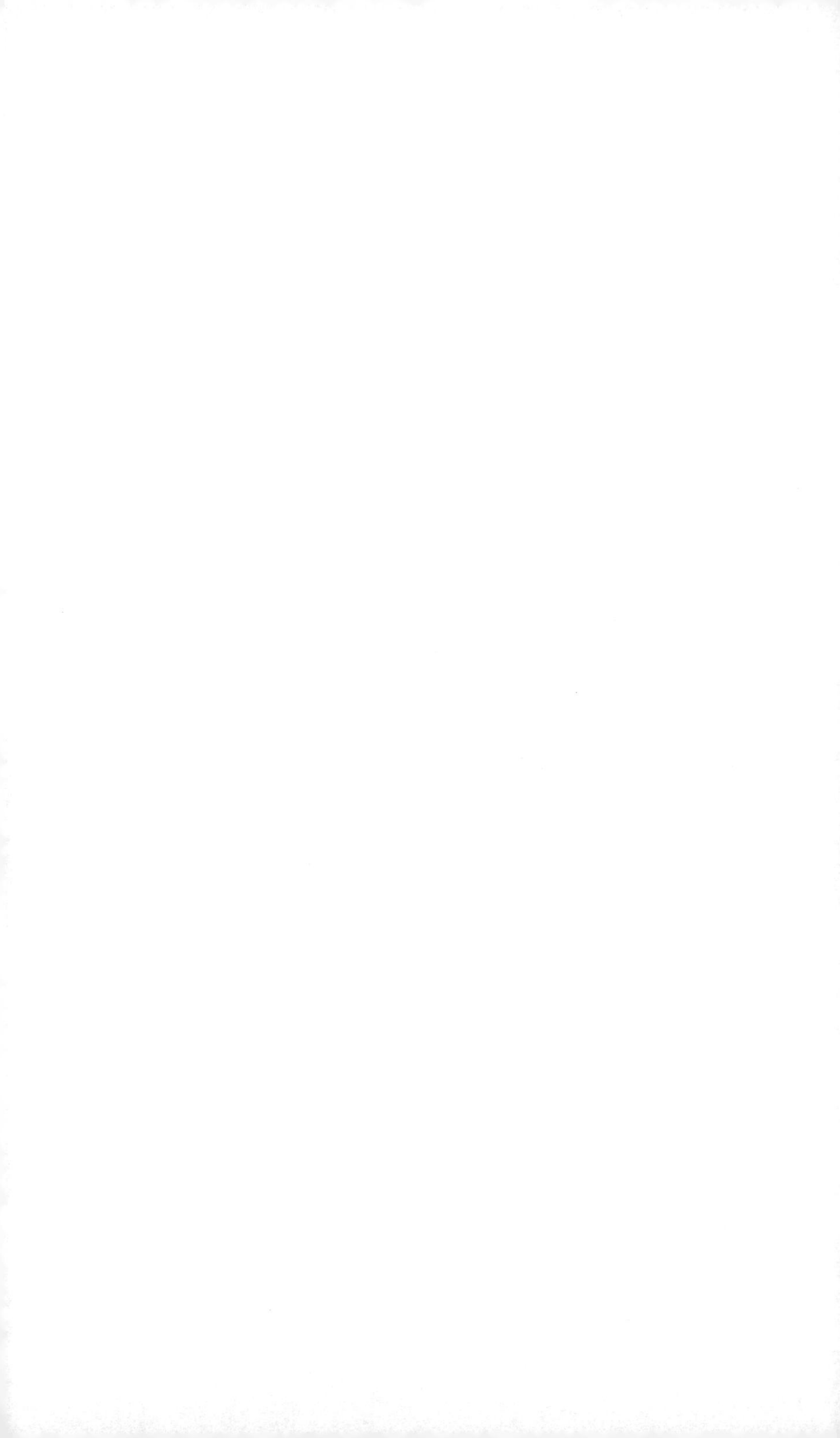

www.ingramcontent.com/pod-product-compliance
Ingram Content Group UK Ltd.
Pitfield, Milton Keynes, MK11 3LW, UK
UKHW021958190726
13853UKWH00004B/1604